T0131507

# NUEVA MANERA DE VER EL MUNDO

victor rodriguez

**BALBOA.**
PRESS
A DIVISION OF HAY HOUSE

Puede hacer pedidos de libros de Balboa Press en
librerías o poniéndose en contacto con:

Balboa Press
Una División de Hay House
1663 Liberty Drive
Bloomington, IN 47403
www.balboapress.com
1 (877) 407-4847

ISBN: 978-1-5043-4644-3 (tapa blanda)
ISBN: 978-1-5043-4645-0 (libro electrónico)

Número de Control de la Biblioteca del Congreso: 2015920638

Información sobre impresión disponible en la última página.

Fecha de revisión de Balboa Press: 12/21/2015

Les recomiendo que analicen cada palabra, cada verso y cada página que hay en este libro. Y les pido por favor que antes de juzgar pongan a prueba este libro. Pues es inútil decir que no sirve si no lo has comprobado.

Si en algún momento encuentras partes que ya ha escuchado anteriormente no se desenfoque porque puede perder las mejores lecciones de este libro.

Pues nada hay escondido que no llegue a ser revelado, ya que nada hay oculto que no sea manifestado, y nada cubierto que pueda mantenerse sin ser descubierto.

Mi propósito es poder ayudar a usted a cambiar su vida, si así usted lo desea.

Le puede usted sacar mucho más provecho al mensaje que dejaré saber en este libro si usted lo lee en un lugar cómodo donde no haya muchas distracciones y así usted puede meditar sobre el contenido cuando haya terminado de leer la última página que contiene el libro.

# Introducción

Cuando a los humanos se les habla del mundo muy pocos logran pensar en algo *mágico*. Muchos lo miran como algo *normal*, y a la mayoría cuando escuchan la palabra mundo se les viene la idea de un lugar donde hay *sufrimiento y pobreza*.

Eso me lleva a la conclusión que son muy pocos los que en verdad están *viviendo*, muchos los que están *perdidos* y la mayoría están *muertos en vida*.

Para cuando llegamos a los setenta años un quince por ciento de los humanos están muertos, y un setenta y cinco por ciento de ellos están muertos en vida.

El diez por ciento de los humanos restantes gozan de una vida *completa, plena y sana*.

Sinceramente creo que algo anda mal con la humanidad.

*Si fuéramos hombres y mujeres de marte descendiendo sobre la tierra y escucháramos las noticias y las informaciones de nuestro planeta, no sé si creyéramos que aquí existe una humanidad pensante.*

Tenemos un cerebro, así que la pregunta es.

Para qué utilizamos el cerebro?

Nosotros los humanos hacemos y hablamos lo que pensamos. Si lo analizas muy bien te darás cuenta que eres un subproducto de lo que _pensaron, dijeron e hicieron otros por ti sin preguntarte._

Te has preguntado alguna vez si tú fuiste el que escogió tus creencias, religión, lenguaje o cultura? Probablemente tú no lo hiciste, lo hicieron por ti.

Pregúntate por ejemplo, cuáles serían tus creencias si hubieras nacido en el otro lado del mundo o en otra etapa de la vida antigua? Probablemente serían muy diferentes a las que tienes ahora.

¿Entonces qué te hace diferente?

El manual de información y creencias que depositaron en tu mente. Pero la información que hay en tu mente fue estratégicamente puesta allí en el transcurso de tu vida desde que eras niño.

Aceptaste conceptos que formar parte de tus creencias más profundas y que nunca cuestionamos asumiendo el cien por ciento de su verdad solo porque todos lo creen.

Por eso es que el setenta y cinco por ciento de la humanidad viven exactamente igual que el resto.

Que creen que nacieron en un mundo diseñado para cumplir única y exclusivamente un ciclo como el de los animales.

*Nacer, crecer, reproducirse y morir.*

Tu existencia es infinitamente grande, tan grande que ni lo imaginas. *Pero tú no tienes la culpa, tu realidad no es más que un conjunto de programas mentales impuestos que gran parte as al querido por los medios de comunicación que te impiden pensar con claridad.*

Por eso no aceptas lo que no encaja en tu vida y en la mayoría de los casos no estás de acuerdo con la vida de los demás.

*"Por eso la humanidad está en problemas y siempre lo estará mientras no estemos en un estado de conciencia colectiva"* - (Ines sanz)

*Lo pesimista no te deja ver más allá de lo que hay en tu limitada y conformista vida, porque todos creen que tienen la razón y la tienen. Solo que dentro de su burbuja y es más fácil rechazar que comprobar.*

Tenemos que dejar de pensar que lo sabemos todo porque pensando así no podemos avanzar y sin avanzar no podemos llegar a lograr.

Pero siempre escucharas al necio y al mediocre diciendo.

*Yo estoy bien así - yo me conformo con mi vida - no necesito más, mi vida es buena.*

Falsa ilusión de la diminuta forma de visualizarte dentro de la creación.

Eso que tu llamas vida es tu cárcel por más cómoda y lujosa que sea y así tú te consideres diferente e independiente sigues estando dentro de ella.

Lo más triste de todo es que no te das cuenta y creemos que la vida tiene que ser así y *cuando nuestro interior a través de nuestra mente trata de liberarse entonces viene el entrenamiento.*

Si aún así no es suficiente *te llenan de vicios y te hacen creer que eso es vivir la vida y que diversión es igual a felicidad* y la otra parte del tiempo te ponen a perseguir un mundo de ilusión, el que la sociedad este impuesto para considerarte alguien que valga la pena.

Sueño que has aceptado ay buscas a todo costo como la meta más grande a cumplir dentro de los cincuenta o sesenta años que con suerte podrías vivir, *desaprovechado el tiempo valioso que se te dio para encontrar tu verdadera identidad* que de ninguna manera está limitada al cuerpo físico sino a una *eternidad espiritual*.

"A nadie les faltan fuerzas lo que les falta es voluntad" - (*Victor Hugo*)

La voluntad depende solo en ti, no puede depender de alguien más. Tú tienes las fuerzas tienes todo lo necesario para adquirir el cambio, solo es cuestión de crear voluntad personal.

Toda persona si les preguntas que si desean un cambio ellos afirmaran que sí pero no están dispuestos a ser las cosas para poder lograr un cambio.

*Para obtener algo diferente debes de hacer algo diferente es inútil tratar de obtener algo diferente haciendo las mismas cosas que has hecho en el pasado.*

"Si quieres un cambio verdadero, camina distinto" - (Calle 13)

El error está en que actuamos como lo hace la mayoría equivocada.

Esas personas creen que sus vidas son moldeadas por las circunstancias y que todo lo que les ocurre es por causa del destino.

Son en efecto seres que se sienten arrastrados por el destino que ellos no han escogido y que desconocen.

*Repito, solo puedes obtener nuevos resultados haciendo cosas nuevas.*

Muchos son los que quieren tener una vida diferente pero pocos, muy pocos son los que deciden ir por ella.

La vida es un cambio continuo, de hecho el cambio es la vida misma.

Y como yo lo veo el cambio es bueno, deja atrás el pasado.

*"Muchas veces el pasado puede doler pero según lo veo puedes huir de él o aprender"* - Rafiki *(El rey león, 1993)*

# La riqueza es importante

No es posible llegar a tener una vida verdaderamente completa si el individuo no tiene el suficiente dinero para comprar todo lo que necesite.

Las personas se desarrollan en *mente, cuerpo y alma* utilizando cosas materiales y la sociedad está organizada para que el individuo necesite ser poseedor de dinero.

Para que el dinero pueda comprar las cosas materiales que todos usamos en la vida diaria.

El propósito de la naturaleza es el desarrollo y avance de la vida.

La persona que posee todo lo que quiere para vivir tiene que ser rico, nadie puede tener todo lo que quiere sin un montón de dinero.

No hay nada de malo en querer ser rico

El deseo de riqueza es en realidad el deseo de una vida más *enriquecedora, abundante y plena.*

Eso los podemos ver en la realidad de la naturaleza.

Y el individuo que no desea tener suficiente dinero para comprar todo lo que necesita es más que seguro que no está viviendo su vida a su máximo potencial.

_Hay tres motivos por los que vivimos cuerpo, mente y alma._

*Ninguno de ellos es más mejor o importante que el otro. Pues estos tres se juntan y forman una sola mente, un solo cuerpo, una sola alma.*

Cada uno de estos tres es deseable, y ni el cuerpo la mente o el alma puede vivir plenamente si uno de los tres no está en su total desdoblamiento.

Eclesiastés 10:20 "No maldigas al rey ni siquiera de pensamiento, ni hables mal del rico aun dentro de tu dormitorio, porque habrá pajaritos que le lleven el cuento y la indiscreción tomará alas."

Te recomendó no maldecir a nadie

Una persona no necesita ser millonaria no obstante para ser envidiado.

Podrías solamente ser un poco mejor que otro para ser envidiado, alguien podría vivir en un vario mejor, tal vez incluso ir a un restaurante mejor para ser envidiado. Por ello se nos dice no maldecir al rey o al rico en nuestros pensamientos.

# Falta de dinero

Muchos son los que dicen, que el amor al dinero es la raíz de todo mal pero sinceramente creo que la raíz de todo mal es la falta de dinero.

Eh notado, que la falta de dinero causa más problemas y destrucción que el amor al dinero.

Un individuo que no posee dinero puede hacer bastantes cosas para lograr obtenerlo. Ha habido casos donde una persona puede lastimar, robar incluso matar por dinero.

El dinero es un objeto sólido sin más valor alguno o importancia que la que nosotros le brindamos a ello. El dinero por sí solo no puede hacer nada, es lo que nosotros hacemos con él lo que en realidad cuenta.

El dinero por sí solo no te ase una persona rica

Ser rico no es proporcional a un estado de cuenta o a cuánto dinero ganas mediante un empleo.

La riqueza no se mide solamente por lo material, es una parte de ello pero no es realmente lo más importante.

Por ejemplo puedes considerar rica una persona que tiene un estado de cuenta excelente y cuya salud es muy buena pero que <u>carece de riqueza mental</u> y por lo tanto siempre se siente y vive una vida pobre.

El dinero por sí solo no te hace rico es lo que haces y piensas de él lo que te convierte en una persona rica.

Hay personas que tienen todo el dinero que necesitan y todavía así se sienten pobres de cuerpo, mente y alma.

Verdaderamente yo no consideraría a esa persona como una persona rica.

*El peor sentimiento del mundo que un ser humano puede experimentar es; tenerlo todo y a la misma vez sentir que no tiene nada.*

# No hay nada mejor en el mundo que crecer como persona

Crecer como persona contiene toda la felicidad, amor, entendimiento y sabiduría que podrías obtener de ningún otro lado.

Si no estás creciendo como persona lo único que estás haciendo es muriendo con ella.

Entender que tú no eres este cuerpo que tienes prestado por un corto tiempo y saber que tú eres el ser que vive en él. Te vuelve libre de muchas angustias y preocupaciones, pero mientras te encuentres en el debes de disfrutarlo amarlo y respetarlo porque es en el donde tú vives.

Crecer como persona contiene todas las riquezas que nunca encontrarás en el mundo.

*Tú eres la única y verdadera riqueza que existe en toda la creación.*

Busca la forma de crecer como persona y estarás buscando una vida llena de riquezas y abundancia.

*Igual como en la naturaleza si no estás creciendo solo estás muriendo.*

# Grato pero inconforme

Grato pero inconforme es la actitud que cada persona debería de trabajar para que se haga parte de su vida diaria.

La palabra grato define la palabra gratitud.

Dar gracias es algo muy importante que cada persona debería de tener en cuenta. Dar las gracias es parte de una vida abundante y plena.

*"Solo hay un exceso que es recomendable en el mundo: el exceso de gratitud" - (Jean de la Bruyère)*

Grato pero inconforme; quiere decir que uno debe de ser agradecido con lo que tiene, pero <u>*inconforme*</u>.

Por ejemplo, si yo tengo una vida plena. Debo de ser grato pero inconforme.

Quiere decir que debo de dar gracias por tener una vida plena. Pero debo de estar inconforme de ella y querer más de eso de lo que doy gracias.

# Conquistar el miedo

El miedo es algo que existe en nosotros. Y es algo necesario para nuestra supervivencia.

"No es valiente él que no tiene miedo, Sino el que sabe conquistarlo" - (Nelson Mandela)

Conquistar el miedo no quiere decir que te debes de deshacerte de él, significa que solo necesitas vencerlo.

Quiere decir que debes de hacer el miedo para un lado y dejar que tus ganas de vivir, que tus ganas de hacer algo, o tus ganas de cambiar sean más grandes que tus miedos.

Todos los grandes éxitos o cosas asombrosas que han existido en el mundo no hubieran sido posibles si no hubieran hecho eso que deseaban **más grande** que sus miedos.

*Vencer el miedo es necesario para poder ser libres sólo así podrás verdaderamente vivir.*

# Aprender

Todo el tiempo estamos aprendiendo y a si es y será mientras haya vida.

Aprender es algo que hacemos a cada momento inconsciente o conscientemente.

Aquí lo importante es, que es lo que estás aprendiendo.

Trata de aprender un poco de todo pero enfócate en lo que a ti te interesa aprender y en lo que te gusta, estarás alimentando tu mente bien y tendrás una mente fuerte y sana.

Un sabio una vez dijo;

"Yo solo sé que no sé nada" - (Sócrates)

El hombre sabio sabe que puedes aprender algo nuevo de todos.

Nunca pienses que lo sabes todo.

# Felicidad

Muchas personas nos venden la idea que para ser felices tenemos que tener esto, aquello y lo otro.

Hay otras que dicen que "el camino a la felicidad" como si la felicidad fuera un lugar.

Según el pensamiento oriental la felicidad no es un lugar ni tampoco un camino.

*"La felicidad es una decisión que usted toma bajo cualquier circunstancia"* - *(Yokoi Kenji)*

Nosotros somos felices no por las cosas grandes que podamos lograr si no por las cosas pequeñas que podemos apreciar.

Toda la gente piensa que si viviera en otro lugar seria feliz, toda la gente piensa que si tuviera mucho dinero sería feliz ignorando que la felicidad ya la tienen y existe en ellos mismos.

*La felicidad es una decisión de vivir en ese estado de conciencia.*

Así como los que viven sufriendo todo el tiempo, es porque **decidieron vivir en ese estado de**

**conciencia** donde ellos se pintan en el ojo de su mente sufriendo.

Toma la decisión de ser feliz donde estás y con lo que tienes solo así podrás vivir en el momento y disfrutar la vida siendo feliz.

# Salud

La salud es muy importante y no solo la salud física, la salud mental y la salud emocional son igual de importantes.

Mantener un buen estado de salud físico es muy importante aparte de que te aleja de enfermedades te hace sentir una persona más feliz, más confiable de ti mismo y te ase incluso ver más joven.

Como te ves en el exterior cuenta mucho en la sociedad y como persona.

Si eres una persona que se cuida y se mantiene limpio y da un buen ver, dan buenos mensajes a los demás de cómo te miran.

La salud mental se trata de tener una mente muy bien equilibrada.

Para lograr tener una mente saludable se requiere de poner más atención a lo que pones tu mente a alimentarse.

La mente se alimenta de las informaciones y pensamientos que la ponemos a trabajar.

Ponla a trabajar en cosas productivas como leer un poco por lo menos unos 15 minutos al día.

Mira cosas agradables y ten conversaciones productivas porque uno habla lo que piensa, así que ponla a pensar en cosas productivas y positivas.

La salud emocional se obtiene haciendo cosas que te hagan sentir bien y cómodo en tu interior.

Por ejemplo alimentar tus sentimientos y emociones con buena música, o ir a lugares donde logres sentirte bien, ya puede ser un parque o ir a caminar un rato donde te sientas cómodo.

Sentirte bien es una de las cosas más importantes que puedes hacer por ti, porque quieras o no atraes y moldeas circunstancias de cómo te estás sintiendo.

*"Es tu estado de ánimo el que decide tu suerte no es tu suerte la que decide tu estado de animo"* - *(Neville Goddard)*

# El deseo

El ser humano se mueve por el deseo y sin deseo
no existiría nada.

Todo en el mundo fue primero un deseo y luego
creído hasta que llegó a ser realidad.

Tú y yo nos movemos tras el deseo.

Por ejemplo tú te levantas en la mañana porque
deseas levantarte, tu comes porque deseas comer,
tu caminas porque deseas caminar, tú te sientas

porque deseas sentarte igual así tú te vas a dormir en la noche porque deseas irte a dormir.

Aquí no hay nada que no fuese un deseo primero.

Si tú tienes un deseo que quisieras hacer realidad tú lo puedes hacer realidad no me importa lo que sea.

Si existe el deseo también existe la forma para lograrlo no importa que tan grande o qué tan chico sea.

En el libro de la biblia del libro de Marcos capítulo 9 dice; Todas las cosas son posibles para el que cree.

Eso quiere decir que cualquier deseo que tengas es posible si tú crees.

*"El que él es fue deseado hasta que lo fuera" - Julius Caesar, de W. Shakespeare*

En este libro dejaré saber la clave e instrucciones para que cualquiera que tenga un deseo ardiente pueda hacerlo realidad en el tiempo que se haya puesto realizarlo.

Estas instrucciones con cualquier persona que tenga un deseo ardiente funcionaran.

*Primero quiero dejar claro que si existe algún deseo dentro de ti, también existe dentro de ti el poder para realizarlo.*

No me importa lo que sea, puede ser algo pequeño o algo que cualquiera dijera que es imposible de realizarlo.

Pues yo te digo; *todas las cosas son posibles para ti cuando crees.*

Y si tú puedes creer que tú puedes a ser tu deseo ardiente una realidad, no me importa lo que sea tu lo puedes realizar porque crees.

*Y recuerda todas las cosas son posibles cuando crees.*

Ahora bien, no crean que será así de fácil.

De hecho creer siempre resulta ser lo más difícil que el humano puede hacer pero puede.

Es porque el hombre ha sido metido en su cabeza muchas limitaciones en su estado infantil de la humanidad o podemos decir en el pasado, por eso es que se sienten que no son capaces de grandes logros.

Los invito a todos a empezar a vivir en un mundo de optimismo y donde la vida es todo lo que tu deseas que sea.

Los invito a empezar a crear tu mundo tal como lo deseas.

Y te daré la clave e instrucciones para que tú lo puedas hacer una realidad.

*Te advierto, esta fórmula no puede fallar sólo hay algo que podría fallar y eso es tu creencia.*

Puedes creer que tú puedes realizar tu deseo ardiente? y que puedes empezar a crear tu futuro tal como te gustaría experimentarlo?

Pues si tu respuesta es sí, entonces tú lo vas a realizar.

**La primera regla es**; *cualquier cosa que desees cree que lo has recibido y lo recibirás.*

La biblia lo pone así.

*"Por eso os digo que todas las cosas por las que oréis y pidáis, creed que ya las habéis recibido, y os serán concedidas" Marcos 11:24*

Si para obtener tu deseo debes de creer que ya tienes todo eso que deseas, entonces debes de empezar a creer que ya lo tienes para así obtenerlo.

Cómo?

Camina sintiéndote que ya eres o posees eso que hace muy poco deseabas, si sientes que ya tienes o eres lo que hace muy poco deseabas quiere decir que ya no lo deseas, porque ya lo tienes.

Ahora bien, para poder lograr hacer esto tendrás que enfocar toda *tu imaginación* y energías hacia la suposición de creer que ya lo tienes y sentirte en tu deseo y participando de él.

Todo tu alrededor negara su realidad, pero persiste en ello y tu deseo se solidificara en un echo. Puedes estar seguro que esto pasará indefectiblemente.

Ah mucha gente se les puede contar este principio y enseguida te llamarían loco.

Porque no pueden creer que una persona sin tener que hacer demasiado esfuerzo físico pueda llegar a obtener todo lo que desea.

Pero yo te digo.

*Hay millones de formas como tú puedes obtener eso que tu deseas y esta es un de esas formas de cómo obtener eso que tu deseas.*

Lo que yo te estoy brindando solo es una de esas maneras de obtenerlo, tú escoges.

Hay un dicho que dice;

*"Si un loco persistiera en su locura se volvería sabio" - (William Blake()*

Toma mi mensaje en serio.

Segunda regla; *mira tú mundo como lo miraras si tu deseo ya fuera una realidad.*

Esta regla debe de ser aplicada a todo momento sin importar las condiciones.

Debes de mirar a la gente y a tu mundo exactamente como los mirarias si ya fueses esa persona que quisieras ser o como si ya eres la persona que serias cuando hayas obtenido eso lo que deseabas.

Y no solo mirar tu mudo de esa manera si no que sentir su realidad en tu interior.

Todo en tu mundo lo negara incluso tus sentidos pero, tú tienes la capacidad de hacerlo realidad en tu interior.

Así que as lo.

Tercera regla; *siente su realidad*

Si me preguntaran. Cuál es el secreto del cumplimiento de cualquier deseo?

Yo les respondería sin vacilar.

*El secreto es el sentimiento del deseo cumplido.*

Camina, habla, piensa, **siéntete** como la persona
que quieres ser hasta que lo seas.

En este libro quiero destacar algo que para mí
viene siendo una de las cosas más importantes
de mi vida y que ala ves es una de las cosas más
olvidadas en el mundo.

Hablo de la imaginación.

Que es la imaginación?

Y para qué sirve?

Muchos dirían que es algo que el humano tiene
pero que no sirve para nada.

Muchas personas hasta se enojarian si la nombras porque nos enseñaron a ser tan realistas desde pequeños que ya no les interesa saber nada de la imaginación, creen que es algo falso.

Yo te lo puedo decir de esta forma.

*Sin la imaginación no existe nada.*

Mira a tú alrededor y trata de encontrar algo que no fue primero algo solo imaginado.

No me importa lo que me digan aquí no hay nada que no fue algo primero solo imaginado.

La casa donde vives, la ropa que usas, el carro que manejas, la ciudad donde te encuentras fue solo algo primero imaginado y luego creído hasta que llegó a ser cierto.

Toda la creación fue hecha por un acto imaginario y luego creída hasta que llegó a ser una realidad.

Mucha gente no estará conmigo en esto porque no pueden aceptar que todo fue hecho por un acto imaginario.

Pero la biblia hace referencia a esto cuando en la carta de pablo a los romanos dice.

*Todas las cosas invisibles de dios se hacen claramente visibles, siendo entendidas por medio de las cosas hechas.*

Ahora bien, podría ser la imaginación dios.

Se dice que para dios todas las cosas son posibles y para tu imaginación todas las cosas son posibles.

Hay algo imposible para tu imaginación? No me digas.

Yo te puedo contar la historia más fantástica que jamás ellas escuchado y todavía así tú la puedes ver claramente en tu imaginación.

Se dice que con dios todas las cosas son hechas y sin él no hay nada que se haga.

Pero yo pienso y digo.

Yo mire a un ser humano creando una casa yo no mire a ningún dios que bajó del cielo y se puso a crear la casa.

La casa tuvo que ser primero imaginada antes de que empezaran a crearla.

*Yo te digo dios/el creador existe en ti como tu imaginación humana.*

Dicen que dios está en el cielo y se dice que el cielo está dentro de ti.

*Dios está en el cielo y el ase todo lo que le place.*

Que en ti ase todo lo que le place?

Nada que no sea tu imaginación.

Yo te digo; tú existes en él y él existe en ti como tu imaginación humana.

Se dice que dios está contigo siempre y que no puedes escaparte de su mano.

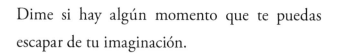

Dime si hay algún momento que te puedas escapar de tu imaginación.

No puedes.

Te levantas en la mañana y que haces en todo el día aparte de imaginar?

Te vas a dormir en la noche y que es soñar aparte de imaginar.

Por eso les digo a todos la única y verdadera realidad es la imaginación y eso es dios mismo.

Ahora bien yo solo les cuento esto para que lo cuestionen.

Es esto cierto?

No les pido que me crean sería inútil que me creyeran solo porque yo se los eh contado.

Sería inútil creer algo porque solo lo escucharon de alguien sin haberlo primero cuestionado y comprobado en vuestro interior.

*Si algo les voy a pedir de corazón es que cuestionen todo lo que han leído de este libro y lo comprueben en la práctica.*

# Sobre el Autor

Nací en 1998 en la ciudad de Guanajuato, México, vine a los EE.UU. a la edad de 9, terminé mi educación escolar en Longview High School y estoy persiguiendo mi carera como empresario .

Printed in the United States
By Bookmasters